Piet Mondrian. *Composition: No. II, with Yellow, Red and Blue*, 1927.

Visitações ao amor

Visitações ao amor

Tanussi Cardoso
Francisco Caruso (Org.)
Mirian de Carvalho (Org.)
Adriano Espínola
Sergio Fonta
Cláudio Murilo Leal
Edir Meirelles
Carmen Moreno
Antonio Carlos Secchin
Maria Dolores Wanderley

Copyright © 2023 Francisco Caruso
1ª Edição
Direção Editorial: José Roberto Marinho
Projeto gráfico e diagramação: Francisco Caruso
Capa: Fabrício Ribeiro

Texto em conformidade com as novas regras ortográficas do Acordo da Língua Portuguesa.

Dados Internacionais de Catalogação na Publicação (CIP)
(Câmara Brasileira do Livro, SP, Brasil)

Visitações ao amor / organização Francisco Caruso, Mirian de Carvalho. – 1. ed. – São Paulo: Livraria da Física, 2023.

Vários autores.
ISBN 978-65-5563-383-2

1. Poesia brasileira - Coletâneas I. Caruso, Francisco.
II. Carvalho, Mirian de.

23-175862   CDD-B869.108

Índices para catálogo sistemático:
1. Antologia: Poesia: Literatura brasileira B869.108
ISBN 978-65-5563-383-2
Aline Graziele Benitez - Bibliotecária - CRB-1/3129

Todos os direitos reservados. Nenhuma parte desta obra poderá ser reproduzida sejam quais forem os meios empregados sem a permissão da Editora. Aos infratores aplicam-se as sanções previstas nos artigos 102, 104, 106 e 107 da Lei n. 9.610, de 19 de fevereiro de 1998.

Impresso no Brasil
Printed in Brazil
Editora Livraria da Física
Tel./Fax: +55 11 3459-4327 / 3936-3413
www.livrariadafisica.com.br
www.lfeditorial.com.br

Sumário

A pedra do amor, por *Mirian de Carvalho*   xv

Tanussi Cardoso   1
     Ainda o amor 3
     Cilada 4
     Do aprendizado do ar 5
     Do perigoso amor 6
     Fado 7
     Indagações sobre impossibilidades 8
     Morada 9
     Para sempre 10

Francisco Caruso   11
     Quem me dera 13
     A cama 14
     Terremoto 15
     Meu testemunho 16
     A soidade e o fado 17
     Amor com A 18

Palavras 19
Terra e céu 20

Mirian de Carvalho   21
Espera 23
Apropriação I 24
Apropriação II 25
Apropriação III 26
Apropriação IV 27
Apropriação V 28
Apropriação VI 29
Apropriação VII 30

Adriano Espínola   31
Verão 33
Maramar 34
Um 35
Branca 36
Vinho 37
Cinema Paradiso 38
Consolo na praça 39
Orfeu canta mais uma vez de bar em bardo a
     história de sua quase façanha amorosa . 40

Sergio Fonta   41
Sangue central 43
Sexamorologia 44
Epitáfio 45
Em transe 46
Procura 47
Por uma janela 48

Retro-espectro 49
Poeminha para Francisca 50

Cláudio Murilo Leal   **51**
Horas 53
Sussurros 54
Em busca da amada 55
Ludus do amor impossível 56
Em busca da amada 57
Síntese 58
Som 59
Ludus 60

Edir Meirelles   **61**
Fantasia 63
Visão excitante 64
Sonhar, sonhar, sonhar 65
Serei teu colibri 66
Deuses & ninfas 67
Onde a lua se esconde 68
Desandando 69
Relembranças 70

Carmen Moreno   **71**
Remorso 73
Morte em vida 74
Separação 75
O último dia 76
Estrangeiros 77
O tempo do amor 78
Ensaio sobre as manhãs 79

Almas 80

Antonio Carlos Secchin **81**

Três toques 83

Sete anos de pastor 84

Ou. 85

Itinerário de Maria 86

Cartilha 87

É ele 88

"Com todo o amor..." 89

Artes de amar. 90

Maria Dolores Wanderley **91**

Gênesis 93

Encantamento 94

Tu 95

Artesã 96

Esparta 97

Do amor 98

Bolero 99

Sedução 100

Dos autores **101**

Tanussi Cardoso **103**

Francisco Caruso **105**

Mirian de Carvalho **107**

Adriano Espínola **109**

Sergio Fonta	111
Edir Meirelles	113
Carmen Moreno	115
Cláudio Murilo Leal	117
Antonio Carlos Secchin	119
Maria Dolores Wanderley	121

A pedra do amor

omo foi dito no Prefácio de *Visitações ao fantástico*, eu e Francisco Caruso vimos trabalhado juntos, há mais de duas décadas. Compartilhamos trabalhos em eventos da SBPC, participamos de comissões para exames de dissertações e teses. Tive a oportunidade de acompanhar o projeto pedagógico coordenado por Caruso, que criou uma oficina de ciências e artes para estudantes de escolas públicas situadas no Rio de Janeiro. Entre outras atividades, participei do conselho editorial de *Dialoghi, Rivista di Studi Italici*, periódico editado por Caruso, durante duas décadas, com distribuição nacional e internacional.

Neste ano de 2023, após trazermos a público a antologia intitulada *Visitações ao fantástico*, apresentando textos de vários autores que, em prosa, têm afinidade com essa temática, passamos à poesia, nessa edição de *Visitações ao amor*. Dez poetas aceitaram o encargo de reunir poemas em torno do mais difícil dos temas: o *amor*. Eu e Caruso, estamos entre eles, aqui citados por ordem alfabética: Tanussi Cardoso, Adriano Espínola, Sergio Fonta, Cláudio

Murilo Leal, Edir Meirelles, Carmen Moreno, Antonio Carlos Secchin e Maria Dolores Wanderley. Ao desafio temático, ninguém teve medo do amor. E, sem normas preestabelecidas, a poesia surgiu.

No tempo de estudante, me encantei com esta frase: "A poesia começa quando chamamos de pombas os navios e de telhado o mar." O autor? Não sei. Faz tanto tempo! Procurei até na *internet*. Hoje, outro ângulo do surgimento da poesia me cativa. A poesia inicia-se em qualquer lugar e em qualquer tempo. E de vários modos. Por vezes, conduz metáforas, mas não segue modelos. Não é possível dizer do seu começo. Podemos chamar de mar as pedras; de areias, os navios; de telhado, o telhado. Tudo depende do poema e do poeta.

Na poesia, cabe o anti-poema, há lugar para enumerações caóticas, desconstruções, desvairismos, *non sense*. A imagem poética não substitui coisa alguma, nem precisa de similitude com o mundo empírico. Tal liberdade surge "no instante poético"[1] – um tempo sem medida –, que não conhece diacronia e acolhe a imagem poética nos deslocamentos da "verticalidade".[2] Em movimento ascendente ou descendente, de acordo com o ânimo poético, a imagem chega à vertigem, quando, então, eclode em linguagem, para dizer algo pela primeira vez. Às vezes, a voz poética vibra através do não dito, como no poema

---

[1] BACHELARD, Gaston. *O direito de sonhar*. Trad. José Américo Pessanha e outros. São Paulo: Difel, 1986, p. 183.
[2] Idem.

"Amavisse", em que Hilda Hilst, em todos os versos, e apaixonadamente, fala do amor, sem mencionar a palavra "amor":

> Como se te perdesse, assim te quero.
> Como se não te visse (favas douradas
> Sob um amarelo) assim te apreendo brusco
> Inamovível, e te respiro inteiro.
>
> Um arco-íris de ar em águas profundas.
>
> Como se tudo o mais me permitisses,
> A mim me fotografo nuns portões de ferro
> Ocres, altos, e eu mesma diluída e mínima
> No dissoluto de toda despedida.
>
> Como se te perdesse nos trens, nas estações
> Ou contornando um círculo de águas
> Removente ave, assim te somo a mim:
> De redes e de anseios inundada.

Sobre o amor, pronunciado seu santo nome em vão, ou trazido à pele – no êxtase do sentir –, a poesia configura graus e intensidades do sentimento relacionado ao plural de sua presença ou ausência. E, no verso, eclode o sentimento do amor perdido. Pontua-se a ânsia do amor idealizado. Fugidio. Encontrado. Erotizado. Sensual. Ou impossível de cama e mesa. E tantos outros amores pontuam-se num sem fim de avanços do desejo e do afeto. E vai-se o tempo. Dormem no passado os escritos sobre poesia. Só a poesia não passa. Drummond encontrou uma pedra; ela nunca foi esquecida. João Cabral, entre o catar feijão e a escrita, igualmente, achou sua pedra poética, reavivando os sentidos da vida.

Ao reler o poema "Catar feijão", imagino que todo poeta encontra uma pedra, para dar sentido e intensidade à poesia, tal fosse ela ferramenta de amolar faca e poema. E o poeta pode escolher jogá-la fora, tal fosse ela feijão oco ou pedra de quebrar dente. Na poesia, pedra é imagem e sonoridade. Mas pode revelar delicada aspereza, que enuncia o tom vibrante numa parte do poema. Pedra pode ser limo. Rio. Música. Pedra pode ser tempo. Quem sabe, calendário? Carnaval? Desencanto? Memória? Amor. Pedra, sempre. E, jamais, pedra.

Podemos então dizer que, em *Visitações ao amor*, o tema e o motivo convidaram os poetas aqui presentes a encontrar uma pedra no seu acervo poético. Cada um deles, entre vários estilos, rumos, ritmos, imagens, da forma fixa aos versos brancos e livres, da isometria à heterometria, encontrou o amor e seguiu caminho de um chamamento inaudível, que agora envolve a leitura. Ao entreabrir-se da poesia, tudo se revela etéreo e tátil, nos lugares e instantes da linguagem dizendo imagens. Se, como foi imaginado por Cecília Meireles, "A vida só é possível reinventada", penso numa transposição da vida ao amor.

Em *Visitações ao amor*, dez poetas dispuseram-se a tal reinvenção. Cada um a seu modo, nove poetas atingiram o objetivo. Sobre meus versos, não sei dizer.

Mirian de Carvalho
Rio de Janeiro, 6 de outubro de 2023.

1

Tanussi Cardoso

Ainda o amor

A primeira estocada é a que vale.
Sangra uma dor
para sempre.

A última não fere mais
o escudo
invisível.

O corpo é o mesmo
porém, duro,
impenetrável.

Cilada

 amor não é a lua
iluminando o arco-íris
nem a estrela-guia
mirando o oceano

O amor não é o vinho
embebedando lençóis
nem o beijo louco
na boca úmida do dia

O amor não é a angústia
de se encontrar o sorriso
nem o vermelho
do coração dos pombos

O amor não é a vitória
dos navios e dos barcos
nem a paz cavalgando
cavalos alados

O amor é, sobretudo
a faca no laço do laçador
O amor é, exatamente
o tiro no peito do matador

Do aprendizado do ar

maginemos o ar solto na atmosfera
o ar inexistente à luz dos olhos
imaginemos o ar sem senti-lo
sem o sufocante cheiro de abelhas e zinabre
o ar sem cortes e fronteiras
o ar sem o céu
o ar de esquecimentos
imaginemos fotografá-lo
fantasma sem textura
moldura inerte
quadro de sugestões e aparências
imaginemos o ar
paisagem branca sem o poema
vácuo impregnado de Deus
o ar que só os cegos veem
o ar silêncio de Bach

imaginemos o amor
assim como o ar

Do perigoso amor

e amo
: escorpião atravessando
o coração de um anjo.

Te amo
: lampião queimando as vestes.

Saiba
: todo amor é risco.

Nada é seguro.
Nada é verdade.

Cuidar de mim sugere
suicídios.

Melhor fugires.

Minha doença te espera.

Não te enganes.

Fado

gora,
podes ficar onde a tormenta não mais te alcance.
Onde Deus não mais te eleve.
Onde o mar não mais te salgue.
Onde o azul não te aborreça.

É assim o amor – vela por nada. Cuida por nada.
E quando pensas que és,
teu sangue estanca.

Indagações sobre impossibilidades

ue face é esta que sangra e ri?
Faca de lados sombrios
Baú de esperas, trem vazio...
Será mesmo o amor a última quimera?
A última esfera?
O riso, o visgo, o vidro, o susto, o átimo?
Esquilo acuado no mato?
Gato no telhado, fogo no capim?
Qual de nós, o Diabo, o Santo e o Ventre?
Em que espelhos cruzamos os dedos?
Qual de vós, pelo amor de Deus, tendes o segredo?

Morada

Ali, onde os girassóis aprendem a dor do Sol
o mar salga as águas primevas
e os peixes sabem de guelras e escamas.
onde o primeiro homem sangra o primeiro dente
e sacia a sede do próximo.
ali, onde os jardins sonham suas texturas de seda
a primeira palavra se pronuncia
e a lágrima da manhã mancha a face serena.
onde os insetos queimam peles
e copulam flores, frutas e mel.
ali, onde se ouve o nome que será seu:
o escolhido, o criado, o corpo que será chamado eu.
onde as estátuas morrem
pedra e amálgama
e se fazem alma.
ali, no morder das línguas, no arder das chuvas
onde se reproduzem sombras e auroras
e o silêncio se faz poema e ilumina a Terra.
onde Deus habita e dança
bafeja o Seu Hálito
e alivia a Sua Febre.
ali, dentro dos umbigos
onde se ordenam Tempo e Movimento.
no oco, onde explode e vive – único – o azul.
no abismo, onde reverberam os instintos
é que o Amor – nascedouro
cresce belo – *e a tudo inunda.*

Para sempre

 que o amor
exprime
enquanto voz

O que o amor
redime
enquanto paz

O que o amor
deseja
enquanto reza

:

O tempo
da carnadura
das pedras

2

Francisco Caruso

Quem me dera

uem me dera
a tinta deitada pela pena
tivesse a força da música
que encanta e emociona
mesmo que nada se entenda.

Quem me dera
fosse isso particularmente verdade
quando se trata de amor.

Assim, na poesia, as lágrimas,
de alegria ou de tristeza,
não dos olhos,
mas d'alma brotariam.

Quem me dera!

A cama

A cama não é[1]
um mero plano.

A cama é
um espaço pluridimensional.

Espaço do imaginário
espaço do encanto
espaço do prazer.

Espaço da fantasia
espaço da troca
espaço da entrega.

A cama não é
um mero plano.

A cama é
o templo da plenitude do amor.

---

[1] Poema originalmente publicado em *Do amor silenciado*, São Paulo: Livraria da Física, 2021, p. 19.

Terremoto

Homenagem a Gonçalves Dias

u [1]
bem cedo
aprendi
a explorar
esse fértil solo
do tão formoso corpo
da mulher que me seduz.
Busco rastros de seu prazer
pelos veios da geologia
ao trazê-lo à tona com vagar
e causando-nos forte instabilidade

que, certo, vai culminar em um terremoto.

Dura segundos e sobrevém a paz,
quietude na doce calmaria,
nessa carnal imobilidade,
a pacificação de Gaia,
infinito arroubo d'alma,
vem da cumplicidade
comum aos amantes,
a emoção.
E o amor,
enfim,
Ah!

---

[1] Poema originalmente publicado em *Do amor eternizado*, São Paulo: Livraria da Física, 2021, p. 33.

Meu testemunho

uero testemunhar, de coração,
que o amor nunca é em vão.
Quero comungar de tua paixão,
diariamente, grão por grão.

E, assim, me saciar,
de novo me encantar,
para sempre te desejar
e à vida contigo brindar.

A soidade e o fado

Homenagem a Amália Rodrigues[1]

h, pá! agora sei bem que se do amor
exilado a'lma sente tanta falta e dor,
no instante de chorá-lo num cântico,
só um detalhe nos aparta – noss'Atlântico.

Pois, é certo, me deste tudo quanto a pena precisa:
o navegar exilado entre a soidade e o fado
e isso não é pouca herança... vento em brisa,
alento para o coração tristemente estafado.

Tuas tristes e antigas cantigas de trovador
há muito a partida do amor já choravam
p'ra guerras ou p'ro além-mar usurpador.

E sempre foste para os braços da solidão com dignidade,
certo de que a soidade macios e acolhedores os tornam,
embalada pela melodia de um fado a oferecer-te piedade.

---

[1] Este poema é dedicado aos caros amigos de além-mar Paulo Gali Macedo e "Marisa" Luisa Pozo di Dios. Originalmente publicado em *Do amor eternizado*, São Paulo: Livraria da Física, 2021, p. 39.

Amor com A

 ar alimenta[1]
o ardor do amor
atiçador do apetite
da ávida amante.

Atração, aperitivo
do apreço, antecede
o afeto atento apto
a abrir e aquecer a alcova.

Adoração, afeição
do amado, abarca
a alegria do afável aconchego
anunciando o acasalamento.

Amor, acalento
da alma, antes
de adiar ou afastar,
apura e abriga.

Assim, ao amanhecer,
a amante se apercebe
que só amar assevera
e adorna a amplidão...

... de A a Z.

---

[1] Poema originalmente publicado em *Do amor perdido*, São Paulo: Livraria da Física, 2021, p. 37.

Palavras

 a prosa de uma relação amorosa[1]
não há vontade que prevaleça
nem ego que se sobressaia
apenas impulso mútuo que se realiza.

Se a palavra da prosa é sempre a mesma
às vezes é o rancor que a vista embaça
e impede que com o coração se leia
aquilo que com ele a pena traça.

---

[1] Poema originalmente publicado em *Do amor silenciado*, São Paulo: Livraria da Física, 2021, p. 39.

Terra e céu

eu corpo, minha terra morena,[1]
tu'alma, meu transparente céu,
tua lágrima, dos meus olhos o véu.
O resto ao degredo me condena.

---
[1] Publicado pela primeira vez em *Quartetos do amor*, São Paulo: Livraria da Física, 2022, p. 1.

3

Mirian de Carvalho

Espera

al espera que muito me exaspera
ao lamber-me a mão com língua viscosa
esconde intenções da areia teimosa
polindo no amor as garras de fera.

Às luzes do farol na contramão,
a mesma espera me encanta e me enleia,
me seduz com sua voz de sereia
cantando às ondas na arrebentação.

Caminhante sob a quieta lua,
passos leves em busca de sentido,
a mim, a mesma espera se pontua.

Dentro da trama do desconhecido,
encontro-a nesta sombra que flutua
ante a chegada ao cais desguarnecido.

Apropriação I

ugindo das repetições das formas fixas
a linguagem precisa de espaço
para se espreguiçar; o corpo
precisa de tempo que o liberte.

Na romaria da cama,
sobre alvas flores bordadas
as horas balbuciam a vida
em amorável epopeia
do renascer.

Mia vida sodes.
Mia fever sodes.

A languidez da música prolonga-se.
A melodia incita-me ao êxtase.

Entre os lábios e a fala
entre o instante e o gozo
materializa-se a poesia.

Em minhas entranhas nasce o verso
que de mim se perdera na solidão;
a intensidade ensina-me a escrita
e da suave *fenda dos deleites*[1]
se fez a cálida fenda do cio.

---
[1] Rimbaud.

Apropriação II

 travessia do sentir
reinvento significados
da palavra "mar":
espera
tessitura
curiosidade
renascer
Fênix.

O poema e a imaginação
pousam no vitral da sala,
a escrita desloca-se do teclado à tela
a sonorizar para sempre o ímpeto
de nada saber do tédio.

Luzes de cristal, luz do sol, meio-dia,
pressinto abraços que me confortam.

Que outros meios-dias me sejam prósperos![1]

O amor se veste de cuidados
o corpo se distancia do recato
expondo-me o púbis no verso
que beija o corpo do macho.

---

[1] Ovídio.

Apropriação III

alvam-me da repetição
vozes sonorizando destinos
e alvissareiras promessas.

Impossível parar o tempo!

Alimento da manhã
revela-se o dia seguinte
tonalizando a insistente
persistência do desejar.

Salta do casulo o verso
borboletreando pelo ar
o cheiro da tua pele.

Palavras alheias ao dicionário
conduzem-me ao tenaz impulso
de encontrar-me no outro
dentro de mim.

Acaricio teu falo
que preenche inteira de flores
minha *concha do amor*.[1]

---

[1] Radiguet.

Apropriação IV

squecidos os mitos da gramática
encanta-me a façanha de jogar no lixo
o peso da mesóclise que me arranha
a garganta e a poesia:
nada *dir-lhe-ia* desse jeito
pois ante a lascívia do corpo
te digo tudo com o olhar
antecipando a cópula.

Mais que isso,
festejando o não dito
enlaça-me a curiosidade
de ultrapassar ditames do desconhecido
ante a clareza e o mistério do desejo,
do desejo que, infindo,
em lânguido tremor
respira respira
sem cansaço.

Deito-me de comprido no seu leito morno.[1]

Feliz daquele que teima em amar
felizes as mãos que, desvairadas,
desmarcam e derrubam limites
no vilarejo das fronteiras.

---
[1] Verlaine.

Apropriação V

o fim da tarde
renovam-se os dons de Eros;
refletida na escanção do verso
a languidez reinicia-me nos ritos do amor
que, numa récita sem palavras,
me aproxima do sagrado.

Ao surpreender-me em lirismo,
com ansiosa calma componho loas
à tua presença em meu quarto.

Vertida a branca seiva de nós dois[1]
Ícaro, enamorado da liberdade e da luz,
revela-me, ao breve repouso do falo,
a reinvenção da poesia.
E do amor.

---

[1] Dioscórides.

Apropriação VI

nvade-me a sala
    tempestuoso tropel
    de pássaros, corças e segredos
    circundando-me a tessitura
e o fôlego do desejo.

Sobre a pele suada de contentamento
regozijou-se a noite em ancestral vertigem
e a carne possuiu a carne. Do nada digo:
dele somente a lâmpada foi testemunha.[1]

Onde o poema é o trovador,
exaustos, repousamos.[2]

Só o silêncio dirá do meu sentir.

---

[1] Marco Argentário.
[2] Ovídio.

Apropriação VII

ntre lençóis e noites
　　meu poema afeiçoa pétalas d'água,
　　cordas de areia e mapas do sol
　　no imprevisto nascedouro
da Fênix.

Nas travessias do afeto
meu verso andarilho escolhe
porto de chegada para ancorar
no teu leito.

Quando cair a tarde, espera minha visita
pois sinto que a noite é quem melhor encobre
[os segredos.[1]

Minhas palavras bordam no relógio
flores, travessias e labaredas do gozo
enquanto meus lábios recitam atalhos
de ver, ouvir, provar e tocar o mundo.

E o mundo, meu pássaro do encantamento,
queimando-se em minhas entranhas,
para renascer livre livre livre.

---

[1] Wallada bint al-Mustakfi.

4

Adriano Espínola

Verão

sol é grande
   e breve.
A praia e as aves
   livres.
A tua carne
   alegre.

Sim sobre ela
   eu lerei
todos os livros.

Maramar

e tu queres amar,
procura logo o mar.
Ali enlaça o corpo

salgado noutro corpo.
No azul esquecimento
das águas, vai sedento

beber a luz da carne,
o gozo a pino e a tarde.

Tenta imitar a teia
das ondas e marés.
Dança na branca areia.
Outro será quem és.

**

Um

 À noite ó minha amadamante eu sou-te.

Branca

s corpos
nus
os gestos
nus
a entrega
trégua
noturna:

brancura
de lua
cheia
à beira-
mar:
agulha
picando

(súbito
lembrar
do meu
corpo
maré alta

que-
brando
na praia
branca
do teu)

– direto na veia

Vinho

o canto do bar
teu corpo ausente
surge

de repente
na taça de vinho
rouge

que tomo sozinho
devagar
até você

amanhã
no alvorecer virar
rosé

virá quem sabe
ao meio-dia
blanc.

**

Cinema Paradiso

 mulher sexy do cartaz
do cinema
me chama me acena
me alucina.

Logo eu que trago
no bolso apenas
um poema
e toda a ansiedade
do mundo na retina.

Consolo na praça

anhã de carnaval. Verão.
O sol rola ardente na praça.
Chegam foliões e fantasias.
Uma deusa morena já passa

quase desnuda pela esquina.
Um velho bardo se ilumina,

bêbado de outros carnavais.
Vozes vibram e a banda ferve.
Dobram canções do amor fugaz.

Fecho os olhos na multidão.
Escuto as chuvas que virão.

**

Orfeu canta mais uma vez de bar em bardo a história de sua quase façanha amorosa

ois é poesia:
   tudo tão quase.
   Um pouco mais

de luz e era sol
um pouco mais
de sonho e era céu

um pouco mais
de sim e era dia

se não visse
que atrás de mim
numa esquina

ela Eurídice
súbito ser perdia.
Nunca mais disse.

E era a sina.

5

Sergio Fonta

Sangue central

briu a boca.
Diante do amor,
sentiu o espaço.
Chorou feliz e forte:

a liberdade lhe doía o corpo inteiro.[1]

---
[1] Os três primeiros poemas integram o volume *Sangue central* (Rio de Janeiro: Ed. José Olympio, 1980).

Sexamorologia

uero o beijo calmo e pleno
guardado na memória,
batido em relatório,
marcado em lábios, pele, sexo,
desencadeado, multiplicado,
explodido em reflexo.

Não mais a flecha,
mas o corpo, a mente, as mãos,
armas humanas e conscientes
sem ter cupidos
– dourado sonho da burguesia,
encobridor do amor mais puro
ou da sacanagem.

Vou pronde houver onde,
na rua ou na cama,
bem dentro do amor,
na fome serena.
Vou pronde quiser,
com quem eu quiser
morrer de amar.

Epitáfio

mou o errado
e morreu tão certo,
tão perto da mais compacta
solidão.

Em transe

ssim ia,
seguia
o passo
o movimento
o traço
do desenho
o vento
que descia da colina.
Não olhava,
simplesmente
via,
meio vidente,
meio que lia
o sol poente.
Em estado de amor
e torpor,
apenas sorvia.
Vivia.

Procura

Não sei se já sofria desse vento
em meu baldio,
se era um amor a escavar
ou se era um lar mais que desfeito.
Aonde vais assim agora
sem ter rumo, sem ter prumo,
uma espera a cada hora,
uma sombra e uma viela,
uma estrada para nada
que te leva a escolher?
Prefiro, então, beber o vinho,
percorrer toda a avenida
sem ter freio, sem palavra
só apenas teu semblante.

Posso ser só teu amante,
posso ser teu cavaleiro,
simplesmente o caminhante
de uma história que se escreve.

Por uma janela

que se passa ali que não se passa
aqui?
O súbito murmúrio de um corpo
a investigar angústias
e, às vezes, o íntimo prazer
da vida, como um suspiro permanente.

O que se passa ali que não se passa
aqui?
O distúrbio das luzes, véu de névoas e surpresas,
aura urbana de claríssimas sentenças
ápice vértice máscara serpente,
subúrbio da aurora e da ternura.

O que se passa ali que não se passa
aqui
é o esconderijo simples de um amor possível,
é o nada que se envolve comovido
entre a perspectiva do mistério do outro lado
e a certeza do espelho em cada fresta.

Retro-espectro

eio como meio cama
meio lama meio gomo
de uma pouca laranja.
Meio casto meio pleno
meio feno meio pasto
em noite quase estrelada.
Feito tudo feito nada
feito cada feito mudo
num segredo sempre banal.
Feito leme feito lima
feito rima feito creme
de imagens de cenas e de vênus.
Esse amor não tem o som,
não tem o bem e o dom do fogo
nem o tempo de uma arte que consome.
Foi apenas o jogo de um relógio de penhora.
Este amor sequer tem nome.

Poeminha para Francisca

la era assim como se fosse ele.
Olhava algumas rosas, margaridas ou hortênsias
como um poeta escreve seus versos e com fragrância.
Cada uma que sua mão tocava
logo virava perfume
passado languidamente sobre o corpo
a despertar prazer, saudade, talvez ciúme,
em função da ocasião ou do calendário da vida.

Ele era assim como se fosse ela.
Compunha com seus fragmentos de homem
os complementos do ser
e era, assim, sim, pessoa de bem e do bem
que exercitava o amor sem medo e com delicadeza
a evoluir, por exemplo, na beleza
daquela, aquela que passa ali do outro lado da rua,
a compor seus atos, a sonhar suas metas.
Quem sabe ali em frente
quem me olha
é a menina dos olhos do meu sentimento?
E como aquela que ele olhava
era assim como se fosse ele, pensava:
quem sabe aquela que me olha
ali do outro lado da rua
seja a presença que eu tanto procurava?
E atravessou em sua direção
já em seus braços rosas, margaridas, hortênsias,
cravos, jacintos e... franciscas.
Um imenso ramo de franciscas
brotava de seus braços.
E ele, como se fosse ela,
Mais uma vez começava.

6

Cláudio Murilo Leal

Horas

anhã
de sol
na janela.

Tarde
de sol
no jardim.

Noite
tão só
longe dela.

Sussurros

or favor não me digas
palavras sem esperança.
Deixa a música antiga
deslizar límpida e mansa.

Cravos, violoncelos
repetem sem cessar
os refrães, os ritornelos,
amor, amar, amor, amar.

Cerra os teus lábios,
há música no ar.
Os sons noturnos são sábios:
amor, amar, amor, amar.

Em busca da amada

inha amada é como o dia,
sofrimento e alegria.

Minha amada é como o vento,
nasce e morre num momento.

Nas águas frias do rio
mergulhou a minha amada.

Era uma tarde de estio
feita de ausência e de nada.

Ludus do amor impossível

ste amor
não e sim
enterrou-se
no jardim.

Este amor
sim e não
abre em flor
de ilusão.

Este amor
não e não
como chuva
de verão.

Em busca da amada

eu corpo ardia
como um sol
ao meio-dia:
e você
tão fria.

Minha alma era
uma alegre manhã
de primavera:
que você não sentia.

Em meus olhos
havia mil afagos:
que você não via.

Síntese

Tanto
         amor
     tanto
         sofrimento
tanto
     amor
tanto
     sofrimento
tanto
     amor
tanto
     sofrimento

Som

As vozes se apagam
num domingo antigo,

mas o ar conserva
tíbia melodia.

Em tuas mãos deito
– preciosa concha –

o meu coração.
Dentro dele, um som

de cristal repete
insistentemente

com vaga esperança
que ouças: amor.

Ludus

mor gredelém
se fez rosicler
roubei uma flor
mas ela não quer.

Um charivari
com meu flajolé
e um minuete
mas ela não quer.

7

Edir Meirelles

Fantasia

ua figura esbelta povoa meus sonhos
numa doce meiguice de real candura
a felicidade que sinto me invade a alma
beijarei teus lábios com ardente volúpia

e nossas carícias crescem
      e em brasas se aquecem
são carinhos loucos em cálido leito
teus túrgidos seios qual flor-de-beijo
quero beijá-los mais e mais
      mil beijos não seriam demais

teu corpo desnudo roça-me a pele
endoida-me, excita-me, meu ardor poreja
qual colibri em dança nupcial frenética
na busca do néctar de tua núbia-flor

                Vila de Noel, Rio, 05/12/97.

Visão excitante

o visual de minha janela
namoro as montanhas
que enfeitam a Tijuca
procuro os olhos dela
nas montanhas flutuantes
visual de arapuca
no abraço do Redentor
conduzidas por nuvens
– xales enfeitiçantes –
corrompem corações pétreos

o sol nascente
traz minhas alucinações
nas cores irisadas
do sonhado verão
verão que excita
perseguindo a primavera

todos verão
a prima vera
em visita à minha janela
verá
o encanto dos olhos dela

Vila de Noel, RJ, 23 de fevereiro de 2015.

Sonhar, sonhar, sonhar

onhar, sonhar, sonhar...
é o que mais tenho feito
a toda hora
a todo instante
sonhar tem a ver com amar?
sonho estando acordado
sonho nos braços de morfeu
sonho com teus abraços
sonho com tuas carícias
sonho com os beijos teus

sonhar, sonhar, sonhar...
sonho com grande desvelo
sonho ter-te ao meu lado
já está virando um pesadelo
acordo quando não deveria
acordo beijando o travesseiro.

Vila de Noel, 9 de dezembro de 2009.
(madrugada)

Serei teu colibri

s paixão e loucura
menina em teus olhos
a luz do sol poente
se faz beleza e ternura

tens olhar deslumbrante
pérola de nossos mares
os ares me trazem arrepios
   e me faz sonhar

quando se punha o sol
vi teus olhos no jardim
   joias – duas pérolas
   uma – o sol que se põe
outra – a lua em forma de prece

teu aroma se esparge
numa florada cor-de-rosa
tudo isso me embriaga
nas flores de teus olhares
   serei teu colibri

Deuses & ninfas

avia os deuses e as ninfas
    um céu de todas as cores
    uma atmosfera que envolve
    os seres e toda milenar esfera
e a fera que se quer amada
no embalo das estrelas
            és fada

havia os deuses e as ninfas
     no balanço do mar
     mar de caravelas
barcos a velas nas calmarias

havia os deuses e as ninfas
mar de argonautas e almirantes
balanço ideal para os amantes
então serei novo Zeus

havia os deuses e as ninfas
no mar azul ou de sargaços
no Olimpo está Orfeu
nas carícias de teu regaço
serei deus e tu serás ninfa

      Vila de Noel, agosto de 2014.

Onde a lua se esconde

ão sei onde nem quando ti perdi
meus sonhos e devaneios
se perderam em noites insones
na aurora furtiva de mim

não chilreiam os ausentes pássaros
nem rebrilha mais o sol
    como dantes do outrora
        sonhos emudeceram em mim

sei que continuas a sonhar
incessante tal qual borboleta
    em vibrantes asas voláteis
        cavalgando o azul do anil

na brancura das montanhas
    nuvens que sugerem alcovas
    onde um dia nos afagamos
        na luxúria de prazeres efêmeros

o amor qual nuvens fugidias
traz sonhos e desejos infindos
    que se findam como o luar
    se perde entre ousadas nuvens

resta-me enfronhar
    em minhas gélidas fronhas

Vila de Noel, 21 de dezembro de 2022.

Desandando

or vezes desando por onde ando
perdido nos confins do texto
    sob pretexto
        de nova estética
e me perco em vis encruzilhadas

nos trilhos dos estribilhos
palmilho a página esbranquiçada
    e levanto o pó
no calor de teu aromático corpo
    meu xodó

ao tatear a página esbranquiçada
      acaricio novo poema
na auréola rósea de teu seio
de permeio com palavras ternas
e me encontro no recôncavo
    mero pretexto

para regurgitar a palavra
que lavra sensata no texto

    Vila de Noel, 19 de dezembro de 2015.

Relembranças

oas lembranças são gostosas
nem preciso dar uma pista
saudades
do aterro do Flamengo
da Quinta da Boa Vista
dos namoros na Praia Vermelha
e nos jardins do Catete
nas viagens inesquecíveis
do alto do Corcovado
aprecio gostoso sorvete
sob o brilho das estrelas.
A vida não me foi madrasta
pois com a sorte vou jogando
(pouco para mim me basta)
nela há muitas dimensões
nas visões da Chácara do Céu
vivendo onírica fantasia
fui indômito corcel
e tu querida
(levíssima amazona)
no gozo da montaria.

Vila de Noel, 2 de abril de 2004.

8

Carmen Moreno

Remorso

nde enterrar os beijos que não dei e quis?
Que luto lavará a dor do amor que não fiz?

Morte em vida

 amor morre todo dia.
Começa a morrer broto ainda,
na parição da terra que o enterrará.
No olhar primeiro começa a morrer,
no roçar dos rostos,
na umidade das mãos entrelaçadas,
o mofo do fim.
Sob a fervura da alegria – águas frias.
Nasce se despedindo, o amor,
na ascensão do querer.
Morre, de transbordar e carecer.
No gemido do gozo,
a dor inaudível do padecer.
O amor morre todo dia,
na comunhão ácida das salivas,
no silêncio eloquente dos corpos,
na saturação dos sons,
na separação das sílabas.

Separação

a cama, aparentemente vazia,
a morte sobre a colcha de casal estendida,
em cores de retalhos – florida.
Da alma dos travesseiros, dor e libertação.
Ninguém mais mora no quarto,
desde que a amargura subjugou o sonho.
Limpam-se as nódoas dos tacos e a poeira dos móveis
para nenhum visitador.
Tudo parece permanecer, mas nas veias das paredes
já não circula o sangue do amor.
O quarto, intacto.
Frio, feito o do filho morto.
Nada virá de ontem trazendo a ressurreição.
Nova comunhão de corpos fecundará,
no mesmo colchão, outra história de fim:
o quarto espera, com sua janela trancada
e seu mofo de jasmim.

O último dia

a tarde em que te matei,
    tuas pernas sossegaram fácil no soalho.
    Estrangular-te não foi nada:
    tive minha dor sedada
no éter do abandono.
Levantei-me, a seco,
sem remorso nas mãos,
assentei a mala no chão,
e segui, sem saída, a incerteza.
Por tempos travei o tremor do peito,
arrancando rancor entre as pedras,
para sustentar-me ereta e viva,
e não desperdiçar no teu túmulo,
além do amor, a bênção das manhãs.

Estrangeiros

artem as pessoas, depois de partilharem
talheres, travesseiros, temores,
confissões, suores, secreções...
partem, partidas. Outras, com fervor:
(furtadas pela súbita amnésia do novo amor).
Estrangeiras de uma antiga terra íntima.
Extraviadas das juras, do êxtase, do eterno.
Nenhum Deus ouviu tantos segredos!
Nem mãe mereceu tamanha devoção.
Partem as pessoas, sonhos diluídos por danos:
indignadas, indignas, indiferentes, ingratas, partem,
cada qual com sua malinha de mágoas.

O tempo do amor

ão tenho âncora no passado,
nem como pão requentado na mesa do amanhã.
As fotografias não doem.
Esvaziadas todas as palavras prometidas ao eterno.
O tempo lava os ponteiros dos segundos,
atualiza dores, desejos, e desbota mágoas.
Aportam-se e partem tantos personagens
no cais do amor!
Ninguém preso aos meus passos,
sob meus pés, pisoteando meu prumo.
Passado não tem fôlego para seguir alegria:
É terra dos mortos.

Ensaio sobre as manhãs

 A porta do fim dá num beco inusitado,
repleto de recomeços.
Ninguém descobre o frescor do chão desabitado,
enquanto o medo jura seus infernos!
Mas se a vida chama e o sujeito mete a cara,
não há terror que o aterre em jardim morto.
Movem-se as horas de infinito e novidades,
que não cabem nas compotas das certezas.
O vento descabela de improviso as folhas,
forrando de beleza o caminhar
(e há dor na rebentação dos ramos).
Os dias são bichos indomados,
sem nome e classificação:
ninguém se socorre do sofrer por adivinhação,
nem pondo tranca nos abraços.
A vida entra em qualquer gruta,
e cata o ente debaixo de pedra,
quando cisma de ensinar pelo padecer.
Também o sol invade o olho agoniado,
devolve o infeliz ao sonho,
e transforma em liquidez seu sangue coagulado.
O certo é que nunca se sabe o que a manhã assina:
e a sorte é o não saber!

Almas

para Rosane

No teu abraço me reencontro com o mais antigo de mim:
o que perdi na primeira vida – ainda verme,
o colo da mãe primeva,
a parição do espírito no útero da caverna,
a paz esquecida no silêncio da Terra,
o que existia antes de Deus.

9

Antonio Carlos Secchin

Três toques

I) *Paciência!*

O processo desse amor
já caiu em exigência.

ii) *Impaciência*

Amor é bicho precário.
Eu queria avançar no romance,
você me cortou no Sumário.

iii) *Dialética*

Acho que assim
resolvo o nosso problema.
Tiro você da vida
e boto você no poema.[1]

---

[1] Todos os poemas de A.C. Secchin aqui publicados foram
retirados de *Desdizer & antes* (Rio de Janeiro: TOPBOOKS, 2017).

Sete anos de pastor

enetro Lia, mas só Raquel me move
e faz meu corpo encontrar toda alegria.
Se tenho Lia, a pele não navega
em nada além de nada em névoa fria.

Sete anos galopando em Lia e tédio,
sete anos condenado ao gozo escuro.
Raquel me tenta, e se me beija Lia
minha boca é não, minha mão é muro.

Labão, o puto, perdoai-me esse instante,
adoro a dor que doer em minha amante.
Vou cravar-lhe um punhal exausto e certo,

doar seu sangue ao livro e à ventania.
Quieta Lia será terra em que os cavalos
vão pastar, sob a serra e o deus do dia.

Ou

ocê pode me pisar
que nem confete
você pode me morder
que nem chiclete
você pode me chupar
que nem sorvete
você pode me lanhar
que nem gilete
só não pode proibir
que nem piquete
se eu quiser escapulir
que nem pivete

Itinerário de Maria

malg

amada

alma

em cal

maria

pri

mária

fonte

eu cla

maria

teu nome

em rude

ária

Cartilha

e aprendo em teu silêncio
feliz como um portão azul.

É ele

no Catumbi, montado a cavalo,
lá vai o antigo poeta
visitar o namorado.
   Não leva flores, que rapazes
raro gostam de tais mimos.
Leva canções de amor e medo.
Cachoeiras de metáforas,
oceanos de anáforas, virgens a quilo.
Ao sair, deixa ao sono cego do parceiro
dois poemas, um cachimbo e um estilo.

"Com todo o amor..."

om todo o amor de Amaro de Oliveira.
São Paulo, 2 de abril de 39.
O autógrafo se espalha em folha inteira,
enredando o leitor, que se comove,

não na história narrada pelo texto,
mas na letra do amor, que agora move
a trama envelhecida de outro enredo,
convidando uma dama a que o prove.

Catharina, Tereza, Ignez, Amalia?
Não se percebe o nome, está extinta
a pólvora escondida na palavra,

na escrita escura do que já fugiu:
perdido entre os papéis de minha casa,
Amaro amava alguém no mês de abril.

Artes de amar

aixão e alpinismo

sensação simultânea
de céu e abismo

Paixão e astronomia

mais do que contar estrelas
vê-las
à luz do dia

Amor antigo e matemática

equação rigorosa:
um centímetro de poesia
dez quilômetros de prosa

10

Maria Dolores Wanderley

Gênesis

eu amor
    essa música que ouvimos
    são ecos
    do barulho inicial
quando todas as coisas
foram feitas

e vieram se ajustando
se ajustando
a água, as estrelas
os cristais
se ajustando

Meu amor
muito fogo brotou
até que reinasse
essa água, essa paz
em nossos olhos

tantos acasos, oceanos
para que chegássemos
um ao outro

para que chegássemos
a esta luz
iluminando nossos pés

Encantamento

m homem sereno
me aponta um motivo
no meio da paisagem atribulada

Ele olha tudo sem espanto
e se instala ao relento,
concentrado

Ele sabe dos rios e do sol
do ouro escondido na terra

O homem sereno me recebe
com os poros abertos

Ficamos, lado a lado,
por uma eternidade

Ouço um batuque
de tambores primitivos
Invoco os deuses

Brota em mim
uma aceitação de tudo
Olho para os desacertos da paisagem,
sem revolta

Desejo tontamente o futuro

Tu

u essa música vinda de lugar
que não pondero
transitas sem limite
em meu ser

feito um sonho
um desejo

primitivo

Tu um lago denso
negro
que não consigo ver
as águas mais fundas

onde guardas esta força
– incomensurável –
que me sustenta
em tuas margens

Artesã

 amor,
esse bicho sem mistério,
a gente pode transformar
em pão, em lençóis limpos,
numa xícara de chá quente,

em poemas

O homem que está a meu lado
não é etéreo
Quase posso tocar
as fibras do seu coração

Ele vai cotidiano
para o trabalho
e volta,
trazendo vida

Passo meus dias
como uma artesã
descobrindo palavras,
formas,

de amá-lo

Esparta

 que foram fazer em Esparta
aqueles homens doces

enquanto mulheres os esperam
na floresta
para colher frutos

olhar o lago
sob a luz da lua

pisar a relva florida de sol?

O que foram fazer em Esparta
aqueles homens doces

se há mulheres esperando na floresta
para buscar água
tecer fios
ao lado deles

O que foram fazer em Esparta
aqueles homens doces

se mulheres os aguardam em suas tendas
com as mãos acesas?

Do amor

eu amor um punhal
expondo as fibras do desejo
o mais íntimo
tecido do meu ser

Meu amor uma boca aberta
te pedindo
à luz do dia

Teu amor um acrobata
saltando as cordas do meu coração

Meu amor um cavalo a galope

Teu amor uma flecha
se transformando em palavras,
nestes versos

Meu amor essa areia molhada

esperando tuas marcas

Bolero

ançar contigo
    Juntar antigos pedaços
    de mim

Girar

Olhar dentro dos teus olhos
de olhos fechados
Pedindo perdão

de tanta felicidade

Sedução

is-me aqui,
    procurando chão nas nuvens.
    sem poder apalpar o que já foi sonho,
um dia.

Aqui fluida,
pronunciando o antigo vocábulo,

amar. amor. amando.

Dos autores

Tanussi Cardoso

anussi CARDOSO é do Rio de Janeiro, Brasil. Graduado em Direito e Jornalismo. Poeta, contista, crítico literário, letrista e tradutor. Tem poemas publicados em mais de 10 países e traduzidos para inglês, francês, espanhol, italiano, russo, esperanto e romeno. Vencedor de mais de 40 prêmios literários, nacionais e internacionais. Publicado em dezenas de antologias, nacionais e estrangeiras, tem 14 livros de poesia editados, entre eles, ***Viagem em torno de***, 2000, Ed. 7Letras, prefácio de Salgado Maranhão, Prêmio ALAP de Cultura e Prêmio Capital Nacional; ***Exercício do Olhar***, Ed. Fivestar, prefácio de Gilberto Mendonça Teles, eleito o "Melhor Livro de Poesia", pelo Congresso Latino-Americano de Literatura; ***Teias***, Ed. Costelas Felinas, 2013, Prêmio Literário Narciso de Andrade; sendo os mais recentes: ***Eu e outras consequências***, 2017, Ed. Penalux, apresentado por Affonso Romano de Sant'Anna, Astrid Cabral e Ricardo Alfaya, Prêmio Manuel Bandeira, da União Brasileira de Escritores, e ***Exercício do Olhar/Ejercicio de la mirada***, 2020, Amotape Libros, em tradução ao espanhol do poeta peruano **Óscar Limache**, após o livro vencer um edital do Ministério da Cultura do Peru, para tradução, em Lima, Peru; e ***A urgência da tarde/La urgencia de la tarde***, com tradução do poeta chileno **Leo Lobos** e do próprio autor. Participou da ***Antologia da poesia brasileira contemporânea – Do Rio de Janeiro a Bucareste***, edição bilíngue, português-romeno, Editora Kult, 2022, tradução de **Carmen Bulzan**. Também traduziu ao português o livro do poeta espanhol **Héctor José Rodríguez Riverol**, *Gru-*

mos en el cielo, publicado em 2021, nas Ilhas Canárias, Espanha. Em 2022, foi agraciado com o oitavo **TRO-FÉU ARTE EM MOVIMENTO**, bem como com um dos maiores prêmios nacionais, o **TROFÉU RIO 2021**, outorgado pela UBE-RJ. É membro do Pen-Clube do Brasil e da União Brasileira de Escritores. Foi Presidente do Sindicato dos Escritores do Estado do Rio de Janeiro.

Francisco Caruso

ísico, professor, bibliófilo e poeta, nasceu no Rio de Janeiro, em 28 de outubro de 1959. Doutorou-se em Física na *Università degli Studi di Torino*, Itália, em 1989. Pesquisador titular do Centro Brasileiro de Pesquisas Físicas (CBPF) e professor associado, aposentado, do Instituto de Física da Universidade do Estado do Rio de Janeiro (UERJ). Além de um expressivo número de artigos científicos e ensaios, nas áreas de física teórica, física de partículas, física quântica, ensino e história da ciência, filosofia e divulgação, publicou, sozinho ou com colaboradores, 47 livros e organizou/editou outros 38.

A primeira edição da obra *Física Moderna: Origens Clássicas e Fundamentos Quânticos* (Elsevier, 2006), escrita com Vitor Oguri, foi agraciada com o *Prêmio Jabuti*, em 2007. Com Roberto Moreira, escreveu *O livro, o espaço e a natureza: ensaio sobre as leituras do mundo, as mutações da cultura e do sujeito*, cuja segunda edição veio à luz pela Livraria da Física em dezembro de 2020.

Foi agraciado, em 1996, com o *Prêmio Jovem Cientista* do CNPq. Membro titular do Pen Clube do Brasil (2008), das Academias Paraense e Roraimense de Ciências (2009), da União Brasileira de Escritores (2010), da Academia Brasileira de Filosofia (2013) e da Sociedade Brasileira de História da Ciência (2013).

Publicou, em 2021, a trilogia de livros de poemas: *Do amor silenciado*, *Do amor perdido* e *Do amor eternizado*; com Cecília Costa e Mirian de Carvalho, a *Pequena antologia amorosa*. Em 2022, vieram à luz *Cinzas de um amor*, *50 pequenos poemas para um grande amor*, *50 poemas para um novo amor* e *Quartetos de amor*, volumes I, II e III, enquanto os volumes IV e V publicaram-se em 2023, todos pela Editora Livraria da Física. Por fim, acabou de organizar, com Mirian de Carvalho, a edição de *Visitações ao fantástico*.

Mirian de Carvalho

Doutora em Filosofia pela Universidade Federal do Rio de Janeiro (UFRJ). Membro da Associação Brasileira de Críticos de Arte (ABCA); da Associação Internacional de Críticos de Arte (AICA); da União Brasileira de Escritores (UBE), do PEN Club e da Associação Brasileira de Imprensa (ABI). Nos dias atuais, dedica-se à poesia, à dramaturgia, à crônica e à pesquisa no campo das artes. Foi agraciada com vários prêmios literários, entre eles o **João do Rio** (poesia) e a **Medalha José de Anchieta**, que lhe foram concedidos pela Academia Carioca de Letras. Recebeu também o **Prêmio Sérgio Milliet**, da Associação Brasileira de Críticos de Arte (ABCA), pela publicação de livro intitulado *A brasilidade na pintura de César Romero*.

Realizou conferências e apresentou comunicações em diversos eventos culturais e filosóficos organizados por Universidades, centros de pesquisa e museus. Autora de inúmeros livros de poesias, de ensaios e de comunicações acadêmicas, prefácios e posfácios publicados em mídias especializadas. Vários escritores e teóricos fizeram apreciações sobre seu trabalho poético, entre eles Cláudio Willer, autor do livro intitulado *Mirian de Carvalho: a poesia em movimento*, São Paulo: Quaisquer, 2018. A autora assina o *Blog da Mirian*, no Digestivo Cultural.

Livros publicados:

• **Poesias**
Cantos do visitante. Rio de Janeiro: Edição da Autora, 1999.
Teia dos labirintos. São Paulo: Escrituras, 2004.
O camaleão no jardim. São Paulo: Quaisquer, 2005.

Travessias. Florianópolis: Letras Contemporâneas, 2006.
Violinos de barro. São Paulo: Escrituras, 2009.
Nada mais que isto. São Paulo: Scortecci, 2011.
50 poemas escolhidos pelo autor. Rio de Janeiro: Galo Branco, 2011.
Roteiro de Mitavaí. Rio de Janeiro: Oficina do Livro, 2013.
Vazadouro. São Paulo: Escrituras, 2013.
Não sei se vou te amar. São Paulo: Scortecci, 2016.
Canções de amor. Rio de Janeiro: Synergia, 2019.
Auto do Boi Menino. Rio de Janeiro: Synergia, 2020.
A cama virtual. Rio de Janeiro: Synergia, 2021.
O poema e a máscara. São Paulo: Livraria da Física, 2023.

● **Ensaios**
Novas visões: fundamentando o espaço arquitetônico e urbano (coautoria). Rio de Janeiro: PROARQ / UFRJ / BOOKLINK, 2000.
A escultura de Valdir Rocha. São Paulo: Escrituras, 2004.
Metamorfoses na Poesia de Péricles Prade. São Paulo: Quaisquer, 2006.
A carnavalização na arte poética de Oleg Almeida, 2012. Disponível nas seguintes plataformas virtuais: ISSUU (Dinamarca), Calaméo (França) e Youblisher (Suíça), em 2014.
Wega Nery – Paisagens íntimas. São Paulo: Pantemporâneo, 2015.
A brasilidade na pintura de César Romero. Salvador: Expoart, 2016.
A carnavalização e ironia na arte poética de Oleg Almeida. São Paulo: Livraria da Física, 2021.
Visitações ao fantástico. (Org. Caruso, Francisco & Carvalho, Mirian), São Paulo: Livraria da Física, 2023.

Adriano Espínola

driano Espínola (Fortaleza, 1952) é autor de livros de poesia (*Táxi, Beira-Sol, Praia provisória, Escritos ao Sol*, entre outros), narrativas (*Malindrânia*) e ensaios (*As artes de enganar, O cego e o trapezista*, entre outros). Professor aposentado da UFC, ensinou também na Université Stendhal Grenoble III e na UFRJ. Pertence ao PEN Clube do Brasil e à Academia Carioca de Letras.

Sergio Fonta

É escritor, dramaturgo, ator, pesquisador, diretor e jornalista. Tem nove livros editados, entre eles ***Rubens Corrêa / Um salto para dentro da luz*** (Ed. Imprensa Oficial de SP), indicado para o Prêmio APTR 2011 na Categoria Especial, e ***O esplendor da comédia e o esboço das ideias: dramaturgia brasileira dos anos 1910 a 1930*** (Ed. Funarte), em que foi responsável não só pela organização do volume, mas também por sua atualização ortográfica, pela biografia de cada autor, sinopse de cada peça e 75 notas ao pé de página. Cinco textos seus e dois roteiros para teatro foram encenados no Brasil, além de duas outras peças premiadas, traduzidas e transmitidas pela Rádio de Colônia, na Alemanha, onde ganhou o Prêmio Especial do Júri no I Concurso de Peças Radiofônicas (Instituto Goethe/WDR). Como diretor, encenou inúmeros espetáculos, entre eles **Casa de bonecas**, de Ibsen, e os musicais **Zé Keti, a voz do morro**, e **São 100 Vinicius**, em comemoração ao centenário de Vinicius de Moraes. Como ator já trabalhou em mais de 20 espetáculos, além de mais de 10 novelas, todas na TV Globo. Entre 2022 e 2023, dirigiu os espetáculos **Quem disse que Hollywood já era e Luz vermelha**, além de protagonizar a comédia **Circuncisão em Nova York**, de João Bethencourt. É presidente do júri da FITA, a Festa Internacional de Teatro de Angra. Há 14 anos redige e apresenta na Rádio Roquette-Pinto o programa Tribo do Teatro. É membro-titular do PEN Clube do Brasil, da Academia Brasileira de Arte e da Academia Carioca de Letras, onde é o atual presidente. Seu livro mais recente é a publicação da peça "*Rua Feliz Lembrança*" (Ed. Batel), 1º lugar no Concurso Internacional de Literatura/Teatro/UBE 2019. Em 2022 foi um dos vencedores do Concurso *Monólogos Históricos em Tempos de Confinamento e Reclusão*, do PEN Clube do Brasil. No mesmo ano teve um conto seu publicado no evento *Ocupação Dias Gomes*, promovido pelo Itaú Cultural, em São Paulo.

Edir Meirelles

Edir Meirelles é romancista, contista, poeta e ensaísta. É goiano de Pires do Rio. Residente na cidade do Rio de Janeiro, RJ, Brasil. É membro das seguintes entidades culturais: PEN Clube do Brasil; Academia Carioca de Letras; Academia Luso-Brasileira de Letras; Rede Sem Fronteiras; União Brasileira de Escritores – UBE-RJ; Academia Piresina de Letras e Artes (APLA) sendo um dos fundadores, e outras entidades. Presidiu o Sindicato dos Escritores do Estado do Rio de Janeiro; a UBE-RJ e a Casa de Cultura Lima Barreto. É Presidente de Honra da UBE-RJ, Obras publicadas. Poesia: *Poemas Contaminados*; *Poemas Telúricos*; *50 Poemas selecionados*; *Palavra que lavra (Cuvântul care lucrează)* – publicação bilíngue. Contos: *O velho Januário; Paixão na Lapa e outras histórias*. Romances: *Madeira de dar em doido*; *O feiticeiro da Vila*; *No Vale do Gengibral* e, *Sarapitanga – Uma história secreta*. *Gigantes da Literatura e novos valores* (Ensaios); *Fotos, estórias e sonhos* (2ª edição); *Sonhos, teias e utopias* e *A semente da linguagem*. Foi criador e editor da revista *RenovArte* da UBE-RJ.

Carmen Moreno

Poeta, romancista e contista carioca, bacharel em Artes Cênicas e licenciada em Educação Artística (UNIRIO), lecionou na área de sua formação para a Secretaria Municipal de Educação do Rio de Janeiro. Carmen é membro do PEN Clube do Brasil. **PUBLICOU:** *Diário de Luas* (romance); *Sutilezas do Grito* (contos); *O Primeiro Crime* (romance policial), todos pela Rocco. *O Estranho* (contos), FiveStar, e *Casa Insana* (romance policial), e-book, Amazon. Em poesia: *De Cama e Cortes*, UERJ; *Loja de Amores Usados*, Multifoco; *Para Fabricar Asas*, Ibis Libris, e *Sobre o Amor e Outras Traições*, Patuá. Integra mais de 60 coletâneas e revistas, com poemas publicados em Cuba, Argentina e Portugal, entre as quais: *Antologia da Nova Poesia Brasileira*, Olga Savary (Org.); *Mais 30 Mulheres que Estão Fazendo a Nova Literatura Brasileira* (contos), Luiz Ruffato (Org.); *As Mulheres Poetas na Literatura Brasileira*, Rubens Jardim (Org.) e *Todos os Saramagos* (contos), Leida Reis e Myrian Naves (Org.). Seu conto *Dora* foi adaptado para o cinema, e participou do Festival Internacional de Gramado 2009, como média-metragem convidado para finalizar a Mostra de Curtas Gaúchos. Desde 1982, participa de saraus, bienais, congressos e eventos literários em diversos espaços culturais do País. Recebeu, entre outros, o "Prêmio Casa da América Latina: Concurso de Contos Guimarães Rosa", Rádio França Internacional/Paris; "Bolsa de Incentivo ao Escritor Brasileiro" (poesia), MINC/ Biblioteca Nacional e "Prêmio de Desenvolvimento de Roteiros Cinematográficos" (MINC/Secretaria do Audiovisual).

Sua obra é citada em diversos estudos acadêmicos, e foi analisada no livro **Quem Conta um Conto – Estudos sobre Contistas Brasileiras Estreantes nos anos 90 e 2000**, Helena Parente Cunha (Org.). Seu romance **Diário de Luas** foi tema da dissertação de Mestrado de Lilian Gonçalves de Andrade: *Diário de Luas: um Künstlerroman no universo literário de Carmen Moreno*, pela Fundação Universidade Federal do Rio Grande – FURG/RS.

Cláudio Murilo Leal

láudio Murilo Leal é poeta, ensaísta e professor. Nasceu na cidade do Rio de Janeiro no ano de 1937.

Em 2000 concluiu o doutoramento em Letras, tendo defendido a tese *A poesia de Machado de Assis* na Academia Brasileira de Letras.

Ministrou cursos de Literatura Hispano-Americana na Faculdade de Letras da Universidade Federal do Rio de Janeiro. Lecionou Literatura Brasileira como assistente do professor Afrânio Coutinho na mesma Universidade; mais tarde, na Universidade de Brasília, na Universidade de Essex (Inglaterra), de Toulouse-Le-Mirail (França) e Complutense em Madrid. Foi diretor da Casa Universitária do Brasil em Madri, diretor do Museu da Imagem e do Som e Diretor Geral do Patrimônio Cultural do Município do Rio de Janeiro.

A sua obra poética conta com a publicação de mais de vinte livros, incluindo a tradução para o espanhol da *Antologia Poética* de Carlos Drummond de Andrade. Recebeu o Prêmio de Poesia do Instituto Nacional do Livro intitulado **Cadernos de Proust**.

Antonio Carlos Secchin

ntonio Carlos Secchin é poeta, ensaísta, professor emérito da UFRJ e membro da Academia Brasileira de Letras. Sua poesia foi reunida em *Desdizer* (2017, editora TOPBOOKS).

Maria Dolores Wanderley

oeta, contista, romancista e artista plástica. Nasceu em Natal e vive no Rio de Janeiro onde estudou e trabalhou como professora do Departamento de Geologia da UFRJ.

Lançou os romances *A história de Doralice* (2023), *Bianca Natividade* (2022), *Baracho* (2018); os livros de poesia *Rumores de azul* (2001), *Mar espesso* (2003), *A duna intacta* (2006), *Fragmentos de Maria* (2009), *Ao rés do chão* (2013), *Esperando a hora da Stella* (2016), *Poemas escolhidos* (2020); *Os livros de contos Cosmocrunch* (2014), *Paralelo 5°* (2015), *Contos escolhidos* (2020), *Um ensaio fotográfico-poético sobre as formas* (2010), *Desenhos e escritos* (2021).